BEI GRIN MACHT SICH IHR WISSEN BEZAHLT

- Wir veröffentlichen Ihre Hausarbeit, Bachelor- und Masterarbeit

- Ihr eigenes eBook und Buch - weltweit in allen wichtigen Shops

- Verdienen Sie an jedem Verkauf

Jetzt bei www.GRIN.com hochladen und kostenlos publizieren

Bibliografische Information der Deutschen Nationalbibliothek:

Die Deutsche Bibliothek verzeichnet diese Publikation in der Deutschen National-
bibliografie; detaillierte bibliografische Daten sind im Internet über http://dnb.d-
nb.de/ abrufbar.

Dieses Werk sowie alle darin enthaltenen einzelnen Beiträge und Abbildungen
sind urheberrechtlich geschützt. Jede Verwertung, die nicht ausdrücklich vom
Urheberrechtsschutz zugelassen ist, bedarf der vorherigen Zustimmung des Verla-
ges. Das gilt insbesondere für Vervielfältigungen, Bearbeitungen, Übersetzungen,
Mikroverfilmungen, Auswertungen durch Datenbanken und für die Einspeicherung
und Verarbeitung in elektronische Systeme. Alle Rechte, auch die des auszugsweisen
Nachdrucks, der fotomechanischen Wiedergabe (einschließlich Mikrokopie) sowie
der Auswertung durch Datenbanken oder ähnliche Einrichtungen, vorbehalten.

Impressum:

Copyright © 2015 GRIN Verlag
Druck und Bindung: Books on Demand GmbH, Norderstedt Germany
ISBN: 9783668879324

Dieses Buch bei GRIN:

https://www.grin.com/document/452951

Kevin Gutsche

Sport und Vereinsrecht. Grundlagen, Haftung im Sport, Arbeitsrecht, steuerliche Aspekte, Sponsoring

GRIN Verlag

GRIN - Your knowledge has value

Der GRIN Verlag publiziert seit 1998 wissenschaftliche Arbeiten von Studenten, Hochschullehrern und anderen Akademikern als eBook und gedrucktes Buch. Die Verlagswebsite www.grin.com ist die ideale Plattform zur Veröffentlichung von Hausarbeiten, Abschlussarbeiten, wissenschaftlichen Aufsätzen, Dissertationen und Fachbüchern.

Besuchen Sie uns im Internet:

http://www.grin.com/

http://www.facebook.com/grincom

http://www.twitter.com/grin_com

Deutsche Hochschule für
Prävention und Gesundheitsmanagement
Hermann Neuberger Sportschule 3
66123 Saarbrücken

Einsendeaufgabe

Fachmodul: Sport- und Vereinsrecht

Studiengang: Sportökonomie

Datum Präsenzphase: 2015

Name, Vorname: Gutsche, Kevin

(Aus urheberrechtlichen Gründen sind die Abbildungen/ Logos nicht im Lieferumfang enthalten)

Inhaltsverzeichnis

1 GRUNDLAGEN SPORT- & VEREINSRECHT 4

1.1 Vereinigungsfreiheit gemäß Art. 9 I GG 4

1.2 Der eingetragene Sportverein – Der Fall RasenBallsport Leipzig e.V. aus verschiedenen Perspektiven 5

    1.2.1   Arten von Vereinen 5
    1.2.2   Beurteilung wirtschaftlicher Verein anhand Struktur, Organigramm und Satzung 5
    1.2.3   Beurteilung wirtschaftlicher Verein anhand GuV 7
    1.2.4   Beurteilung wirtschaftlicher Verein anhand Schreibweise, Logo und Homepage 8
    1.2.5   Konsequenz 11
    1.2.6   Zusammenfassung 12

1.3 50+1 Regel 13

1.4 Strukturelle Veränderung des Hamburger Sport-Vereins 13

2 HAFTUNG IM SPORT 18

2.1 Haftung - Teil I 18

2.2 Haftung – Teil II 19

2.3 Haftung – Teil III 22

3 ARBEITSRECHT IM SPORT 24

3.1 Arbeitsrecht – Fall I 24

3.2 Arbeitsrecht – Fall II 25

3.3 Arbeitsrecht – Fall III 26

4 SPONSORINGVERTRAG 28

5 STEUERLICHE ASPEKTE IM SPORT- UND VEREINSRECHT 35

5.1 Steuerliche Sphären 35

5.2 Umsatzsteuer 36

6 LITERATURVERZEICHNIS 37

7 ABBILDUNGS- UND TABELLENVERZEICHNIS 39

7.1 Abbildungsverzeichnis 39

1 Grundlagen Sport- & Vereinsrecht

1.1 Vereinigungsfreiheit gemäß Art. 9 I GG

In Deutschland findet der Großteil des Sports in lokalen Vereinen statt, welche in übergeordnete Landesverbände organisiert sind. Darauf aufbauend sind diese Landesverbände wiederum in höhere Dachverbände organisiert. Diese pyramidenförmige Organisationsstruktur ist das Kennzeichen für das „Ein-Platz-Prinzip", welches beschreibt, dass für eine Sportart nur ein nationaler Spitzenfachverband existieren darf (Pfister, o.J., S. 1).

Artikel 9 Absatz 1 im Grundgesetz besagt, dass „alle Deutschen haben das Recht, Vereine und Gesellschaften zu bilden".

Bezugnehmend auf das Spanungsverhältnis lässt sich ganz bedeutend herausstellen, dass trotz der demokratischen Gesetzeslage ein monopolistisch-hierarchischer Aufbau besteht. Sofern ein Verein gegründet wird, hat dieser keine Möglichkeit sich einen Verband auszusuchen, indem er organisiert wird, da es auf höherer Ebene nur einen Verband gibt. Demnach muss der Verein die Regeln anerkennen, auch wenn dieser damit nicht einverstanden ist. Weiterhin ist darzustellen, dass ebenfalls die Sportler von den kartellähnlichen Vereinbarungen beeinflusst werden. Sobald der Verband eine neue Regel integriert, die sich negativ auf den Sportler auswirkt, hat dieser ebenfalls keine Möglichkeit seinen Willen zu äußern, da er lediglich im Verein organisiert ist, welcher sich wiederum den Regeln beugen muss.

Der Grundgedanke dieser pyramidenförmigen Organisationsstruktur ist zwar die Vergleichbarkeit der Sportarten auf nationaler und internationaler Ebene durch ein einheitliches Regelwerk, jedoch besteht durch die oben aufgeführten Punkte ein permanentes Spannungsverhältnis.

1.2 Der eingetragene Sportverein – Der Fall RasenBallsport Leipzig e.V. aus verschiedenen Perspektiven

1.2.1 Arten von Vereinen

Ein Verein ist nach dem BGB ein auf Dauer angelegter Zusammenschluss von Personen zur Verwirklichung eines gemeinsamen Zwecks mit körperschaftlicher Verfassung (Vorstand und Mitgliederversammlung als Organe), der einen Gesamtnamen führt, nach außen als Einheit auftritt und in seinem Bestand vom Mitgliederwechsel unabhängig ist (Becker, 2015).
Hierbei wird zwischen einem **nicht-wirtschaftlichen** und einem **wirtschaftlichem** Verein unterschieden.
Laut § 21 BGB erhält ein Verein, dessen Zweck nicht auf einen wirtschaftlichen Geschäftsbetrieb gerichtet ist, die Rechtsfähigkeit durch die Eintragung in das Vereinsregister des zuständigen Amtsgerichts.
Im Gegenzug dazu ist nach § 22 BGB ein **wirtschaftlicher** Verein, dessen Zweck auf einen wirtschaftlichen Geschäftsbetrieb gerichtet ist. Untern besonderen bundesgesetzlicher Vorschriften erhält der Verein durch die staatliche Verleihung die Rechtsfähigkeit.

1.2.2 Beurteilung wirtschaftlicher Verein anhand Struktur, Organigramm und Satzung

Wie schon in der Aufgabe zuvor festgestellt wurde, handelt es sich laut § 21 BGB um einen Verein, dessen Zweck nicht wirtschaftlich ist. Dies soll nun in den folgenden Aufgaben untersucht werden, ob dies wirklich auf den Verein „RasenBallsport Leipzig e.V." zutrifft.
Bezugnehmend auf die Struktur lässt sich erkennen, dass der Verein einen sehr hierarchischen Aufbau besitzt. Ausgehend von der Mitgliederversammlung wird der Ehrenrat gewählt und dieser bestimmt den Vorstand, der dann den Einfluss auf die operative Ebene hat. Setzt man diese Vereinsstrukturen im Kontrast zu anderen Bundesligavereinen so lässt ein deutlicher Unterschied erkennen.

Vergleichsweise zum Aufbau des „Hamburger Sport Vereins e.V.", welcher in Aufgabe 1.4 näher erläutert wird, bestehen in dem Verein viel mehr Verflechtungen und Beziehungen zwischen der Mitgliederversammlung, dem Präsidium, dem Ehrenrat und dem Beirat, um eine demokratische Struktur zu erschaffen. Dies lässt sich bei dem Verein „RasenBallsport Leipzig e.v." nicht erkennen. Somit kann die Vermutung aufgestellt werden, dass auf Grund dieser Struktur die obersten Funktionäre die Oberhand über den Verein haben und behalten wollen, um ihr Vorhaben durchführen zu können.

Ein weiterer Aspekt, der sehr kritisch zu betrachten ist, ist die Mitgliederversammlung. Im Gegensatz zu allen anderen deutschen Fußballvereinen gibt es bei dem Verein keine Möglichkeit ein stimmberechtigtes Mitglied zu werden. Es sind lediglich sieben bis elf Personen in der Mitgliederversammlung, die stimmberechtigt sind. Die Satzung gemäß § 6 Abs. 1 sagt zwar, dass der Verein aus „ordentlichen" Mitgliedern und den Jugendmitgliedern besteht, jedoch nur die sieben bis elf Mitglieder an der Gestaltung des Vereins mitwirken dürfen. Diese wählen auf einer Basis von sieben Jahren drei Mitglieder für den Ehrenrat. Auch dieser Punkt ist unüblich, da in anderen Vereinen die Laufzeit für den Ehrenrat kürzer ist. Beispielsweise ist die Laufzeit beim „Hamburger Sport Vereins e.v." nur fünf Jahre. Dies kann möglicherweise damit zusammenhängen, dass der Verein sich das Ziel gesetzt hat, innerhalb von acht Jahren sich in der 1. Bundesliga optimal zu positionieren (Gruber, 2009). Dafür sollen alle Bedingungen geschaffen werden, dass dieser Plan auch durchgeführt wird und nicht von einer anderen Zusammensetzung des Ehrenrats geändert wird.

Im Hinblick auf die personelle Zusammensetzung des Ehrenrates und des Vorstands wird deutlich, dass alle Mitglieder des Vereins auch in wichtigen Positionen der „Red Bull GmbH" beschäftigt sind. Dies ist ein weiteres Indiz dafür, dass dieser Verein eher den Fokus auf die Wirtschaftlichkeit gelegt haben könnte, als die Teilnahme am Lizenzspielbetrieb im Fußball. Erst auf operativer Ebene, wo der Fußball wirklich thematisiert wird, besteht keinerlei Verbindung mehr zu der „Red Bull GmbH".

Diese Punkte lassen starke Kritik aufkommen, ob es sich bei diesem Verein wirklich um einen nicht-wirtschaftlichen Verein handelt.

1.2.3 Beurteilung wirtschaftlicher Verein anhand GuV

Bei der Betrachtung der Gewinn- und Verlustrechnung lässt sich bedeutend feststellen, dass der Verein sowohl in der 3. Liga als auch in der 2. Bundesliga Verluste realisiert hat. Die Aufwendungen waren in der 2. Bundesliga doppelt so hoch wie im Jahr davor und lagen bei 933.000€. Normalerweise ist ein Verein daran interessiert, die Verluste so gering wie möglich zu halten, um eine mögliche Zahlungsunfähigkeit oder Insolvenz nicht zu provozieren. Eine Eröffnung des Insolvenzverfahrens sorgt gemäß § 6 (1) der DFB Spielordnung dafür, dass die Mannschaft am Ende des Jahres an den Schluss der Tabelle verwiesen wird und in die untere Spielklasse absteigt (DFB Spielordnung, 2007, S. 8). Dies möchte jeder Verein vermeiden, natürlich auch der „RasenBallsport Leipzig e.V.". Wie in der vorangegangen Aufgabe erläutert wurde, ist das Erreichen einer stabilen Position in der 1. Bundesliga das vorrangige Ziel. Somit würde sich eine Eröffnung eines Insolvenzverfahrens negativ auf das Ziel auswirken. Trotz eingefahrener Verluste von 543.000€ in der 3. Bundesliga, wird deutlich, dass der Verein in der 2. Bundesliga die Aufwendungen für neue Spieler und den Spielbetrieb fast vervierfacht hat. Ein „normaler" Verein, welches ein Interesse an der Wirtschaftlichkeit und der Fortführung der Teilnahme in der Bundesliga hat, würde nach dem Jahr in der dritten Bundesliga nicht so handeln, wie der Verein hier agiert. Nachdem man solche Verluste eingefahren hat, wäre es üblich, dass man versucht, sich mit dem bestehenden Team in der Liga so gut es geht zu positionieren, Einnahmen zu generieren und Gewinne einzufahren. Ganz im Gegensatz zu dieser Vorgehensweise, handelt der Verein, indem dieser weiter investiert, um das Ziel zu erreichen. Somit lässt sich definitiv feststellen, dass die „Red Bull GmbH" massiv Geld in den Verein investiert, um eine Zahlungsunfähigkeit zu verhindern. Denn für das Ziel, den Durchmarsch in die 1. Bundesliga, sollen dem Verein 100 Millionen Euro zur Verfügung stehen (Gruber, 2009). Weiterhin ist zu nennen, dass auch die Aufwendungen für den Jugendbereich sich um das Dreifache erhöht haben. Man kann hier allerdings davon ausgehen, dass diese Ausgaben nur getätigt worden sind, damit die Ausgaben für den Spielbetrieb im Verhältnis zu den Ausgaben für den Jugendbereich stehen und dass dadurch die Gemeinnützigkeit des Vereins nicht beeinträchtigt wird. Durch die aufgeführten Punkte kann die Gemeinnützigkeit des Vereins stark angezweifelt werden.

Betrachtet man die Erträge aus beiden Jahren so wird deutlich, dass die meisten Einnahmen aus den Bereichen der medialen Verwertung und Werbung stammen.

Da wahrscheinlich die „Red Bull GmbH" den Verein als Marketingplattform benutzt, um eigene Produkte zu vermarkten, ist es mit diesem Hintergrund zu verstehen, warum die Erträge im Bereich Werbung so hoch sind. Im Gegensatz dazu, haben sich die Erträge aus dem Verkauf von Merchandise Artikel unwesentlich erhöht, obwohl der Verein den Aufstieg in die zweite Liga geschafft hat. Hieraus kann abgeleitet werden, dass der Verein keine Arbeit und kein Geld dafür investiert, ein Image aufzubauen und dieses zu verbessern, damit sich die Fans besser mit dem Verein identifizieren können. Somit kann ebenfalls aus diesen Aspekten davon ausgegangen werden, dass sich anhand der Gewinn- und Verlustrechnung eher um einen wirtschaftlichen Verein handelt, welcher klare Marketingziele mit dem Verein verfolgt.

1.2.4 Beurteilung wirtschaftlicher Verein anhand Schreibweise, Logo und Homepage

Bezüglich der Schreibweise lässt sich ganz klar der Transfer zu dem Sponsor Red Bull erkennen. Gemäß § 1 der Satzung lautet die Kurzform für den „RasenBallsport Leipzig e.V." „RB". Ein möglicher Grund warum die Kurzform direkt im ersten Paragraphen der Satzung festgehalten wurde, ist die direkte Verbindung zu Red Bull. Somit soll damit noch einfacher die Verknüpfung geschaffen werden, als wenn der Verein weiter als „RasenBallsport" bezeichnet würde. Dies lässt daran zweifeln, ob es bei dem Verein wirklich um den Sport und nicht eher um die Vermarktung von Red Bull durch den Verein und dieser nur die Plattform in der Öffentlichkeit darstellt. Auch der Punkt, dass umgangssprachlich der Verein „Red Bull Leipzig" genannt wird, kommt dem Sponsor sehr gelegen. Dass dieser Verein umgangssprachlich so genannt wird, liegt möglicherweise daran, dass Red Bull der Hauptsponsor der österreichischen Fußballmannschaft „Red Bull Salzburg" ist. Da es anders als in Deutschland, in Österreich nicht verboten ist, Vereinsnamen mit Sponsoren zu kombinieren, wird dieser Verein für das Marketing genutzt. In Deutschland ist dies gemäß § 16c (2) der DFB Satzung untersagt (DFB, 2013, S. 15). Somit lässt sich mit hoher Wahrscheinlichkeit sagen, dass der Sponsor bei der Namensgebung beteiligt war, um auch in Deutschland einen Transfer zu der Marke schaffen.

Nun soll im weiteren Verlauf auf das Logo eingegangen werden. Zur Verdeutlichung sind beide Logos nochmals dargestellt.

Abbildung 1: Logo „RB Leipzig" (l.) und Logo „Red Bull"(r.) (aus urheberrechtlichen Gründen sind die Abbildungen/ Logos nicht im Lieferumfang enthalten)

Man erkennt ganz stark die Parallelen der beiden Logos miteinander. Sie enthalten beide die beiden Stiere, die aufeinander zu laufen und den gelben Kreis in der Mitte. Zusätzlich wurden die beiden Stiere und der Schriftzug „RB" in derselben roten Farbe ausgestattet, wie es der Hersteller „Red Bull" in seinem Logo hat, um die Verknüpfung zu der Firma noch weiter zu erhöhen. Damit beim Verein erkennbar wird, dass es sich bei diesem um einen Sportverein handelt, hat man zusätzlich einen Ball auf den gelben Grund integriert. Zusätzlich hat man die beiden Stiere mit einem „Schweif" versehen,, welches einen sehr dynamischen Eindruckt macht. Dies kann man wiederum mit dem Fußball in Verbindung bringen, da der Fußball eine dynamische und schnelle Spielsportart ist.

In der vorangegangen Aufgabe wurde bereits erläutert, dass „Red Bull" sich erfolgreich in Österreich mit einem Verein in der Liga positioniert hat und diesen als Markenbotschafter nutzt. Da man dies in Deutschland gemäß der Satzung nicht darf, hat man wahrscheinlich das Logo benutzt, um einen noch stärkeren Transfer zur Marke zu schaffen. Dies wird ganz deutlich, indem man sich das Logo des Vereins „Red Bull Salzburg" anschaut.

Abbildung 2: Logo „Red Bull Salzburg" (Logo aus urheberrechtlichen Gründen nicht im Lieferumfang enthalten)

Die Gemeinsamkeiten zwischen beiden Logos sind enorm. Somit kann es als sicher angesehen, dass der Sponsor auch bei der Erstellung des Logos für den „RasenBallsportverein e.V." mitgewirkt und diesen erstellt hat.

Bei den Vereinsfarben ist dasselbe zu erkennen. Dieser entsprechen mit den Farben rot, weiß und blau genau die des Sponsors. Die Trikots, die sie bei den Heimspielen tragen sind rot und weiß. Um möglicherweise den Werbeeffekt bei auswärtigen Spielen zu erhöhen, tragen die Spieler ein blaues Trikot auf dem dann das Logo von „Red Bull" abgebildet ist. Dies soll möglicherweise einen noch stärkeren Transfer zu der Marke und vor allem zu dem Produkt von „Red Bull" führen. Der „Red Bull Energydrink" ist ebenfalls eine blaue Dose, worauf mittig dann das Logo abgebildet ist. Somit wird auch im Bezug auf die Vereinsfarben die Verbindung mit dem Sponsor deutlich.

Im Vergleich der beiden Webseiten sind die Gemeinsamkeiten ebenfalls bedeutend festzustellen. Beide Seiten haben ein sehr dunkles blau als Hintergrund. Sobald man einen Bericht auswählt, um ihn zu öffnen, verändert sich bei beiden die Farbe zu rot. Zudem weißt der Name der Homepage vom „RasenBallsportverein Leipzig e.V." nicht auf den Fußballverein hin, sondern eher auf den Sponsor „Red Bull", indem immer wieder auf „Die Roten Bullen" verwiesen wird. Das ist ein weiteres klares Anzeichen für die starke Integrierung des Sponsors im Verein.

1.2.5 Konsequenz

Sofern der Verein doch als wirtschaftlicher Verein eingestuft wird, hat dies weitreichende Konsequenzen mit verheerenden Folgen. Wenn dem Verein die Gemeinnützigkeit aberkannt wird, kann dieser nicht mehr von den vielen steuerlichen Vorteilen profitieren, die man als eingetragenen Verein erhält wie zum Beispiel viele verschiedene Freigrenzen, ermäßigte Steuersätze etc. Nicht nur, dass die steuerlichen Vorteile verloren gehen, sondern würde es außerdem dazu kommen, dass der Verein die Steuern für die letzten Jahre zurückzahlen muss, die er nicht abführen musste. Wie man anhand der Gewinn- und Verlustrechnung sehen konnte, hat der Verein eine Menge Geld umgesetzt, um diesen weiter nach oben zu bringen. Hinter dem Verein steht zwar die „Red Bull GmbH" als sehr wirtschaftlich stabiles Unternehmen, jedoch ist die Frage, ob sie bereit wären, die großen steuerlichen Nachzahlungen zu übernehmen. Die andere Möglichkeit wäre, dass sie in der Situation den Verein nicht mehr unterstützen und das große Marketing Projekt mit dem „RasenBallsport Leipzig e.V." als gescheitert ansehen. In diesem Fall müsste der Verein das Insolvenzverfahren anmelden, was dazu führt, dass der Verein in eine tiefere Klasse absteigt, welches nicht dem anfangs geplanten Ziel entspricht. Weiterhin haben die Vorstände und Mitgliederversammlungen nur noch eingeschränkten Zugriff und Macht im Verein, da der Insolvenzberater weitreichende Befugnisse hat, um den Verein in der Insolvenz zu beraten und um über das Schicksal, Auflösung oder Fortführung, zu bestimmen. Wie sich zudem in den vorangegangen Übungen gezeigt haben, ist der Verein ganz eng mit dem Sponsor verknüpft. Somit kann man sagen, dass ein sportlicher Erfolg des Vereins auch positiv „Red Bull" zugerechnet wird, so ist es bei negativen Schlagzeilen ebenfalls der Fall. Der Verein und letztendlich auch der Sponsor würden unter der Anmeldung zu Insolvenz an einem Imageschaden leiden, wofür dann wieder weiteres Geld investiert werden muss, um diesen zu verbessern.

Wenn man davon ausgeht, dass trotz des Verlustes der Gemeinnützigkeit der Verein weiterhin am Spielbetrieb teilnimmt, um durch Veränderungen der Vereinsstrukturen wieder die Gemeinnützigkeit zu erlangen, so ist das neue Organigramm mit Sicherheit nicht so wie es der Sponsor möchte. Die neuen Strukturen müssten viel mehr demokratischer sein, indem die einzelnen Organe vielmehr miteinander arbeiten und sich ernennen, anstatt die hierarchische Struktur beizubehalten, wie es aktuell der Fall ist.

Die Mitglieder der Mitgliederversammlung, des Ehrenrates oder des Vorstands müssten vielmehr mit Personen arbeiten, die wahrscheinlich nicht gleichzeitig in der „Red Bull GmbH" beschäftigt sind. Dann ist es nämlich nicht mehr so einfach möglich den Willen, die sie und die Firma haben im Verein umzusetzen, um das Ziel zu erreichen. Letztendlich darf auch nicht außer Acht gelassen werden, dass bei einer Einstufung als wirtschaftlicher Verein der Vorstand auch persönlich haftbar gemacht wird, indem sie nicht im Interesse des Vereins und gemäß ihrer Satzung gehandelt haben. Gerade der Vorstand hat die Pflicht zu kontrollieren, ob die ordentlichen Mitglieder, welche die ihnen auferlegten Pflichten ausführen sollen, dies auch gemäß der Satzung entspricht. Diese sind unter anderem die Konzentration auf die Gemeinnützigkeit und die Förderung des Sports.

Abschließend lässt sich bedeutend feststellen, dass man einer Aberkennung der Gemeinnützigkeit der Verein sich wahrscheinlich auflösen wird. Auf Grund des Imagesschadens, der veränderten Struktur, der Zwangsabstieg und der finanzielle Aspekt wäre der Verein nicht mehr die optimale Plattform, um den Sponsor positiv nach außen hin zu präsentieren.

1.2.6 Zusammenfassung

In Anbetracht aller dargestellten Aspekte ist die Ausrichtung des Vereins auf eine Gemeinnützigkeit als sehr kritisch anzusehen. Es ist ganz klar zu erkennen, dass die profitorientierte Firma „Red Bull" sehr viel Macht im Verein besitzt und durch die Vereinsstruktur durch die Organe eher den Willen des Unternehmens durchsetzen möchte, anstatt diesen sportlich zu unterstützen. Das Logo, die Farben und die Initialen lassen keinen Zweifel aufkommen, dass das Unternehmen mit dem Verein ganz eng miteinander verbunden ist. Mit Sicherheit sind sich viele Kritiker darüber einig, dass der Sport eher eine marginale Rolle spielt, jedoch muss man auch in die Überlegung einbeziehen, dass die Kommerzialisierung im Sport immer mehr eine Rolle spielt, wie es anhand von Borussia Dortmund AG, Bayern München AG, Bayer Leverkusen deutlich wird. Zudem hat die Einstufung als wirtschaftlichen Verein nicht für Folgen für den Verein, sondern auch für die gegnerischen Mannschaften, die Liga an sich, die Stadt und auch vor allem auch die Fans. Somit ist die Tragweite einer solchen Entscheidung eine die sehr gut überlegt werden muss, obwohl sich viele Kritiker einig sind, dass man bei dem „Rasen-Ballsportverein Leipzig e.V." nicht von einer Gemeinnützigkeit sprechen kann.

Letztendlich bleibt es ein spannendes Thema, welches mit Sicherheit in Zukunft noch viel medial diskutiert wird.

1.3 50+1 Regel

Die „50+1-Regel" ist ein Paragraph, welche in der Satzung des Ligaverband und des DFBs zu finden sind. Im § 16c Nr. 2 der DFB-Satzung bzw. § 8 Ziffer 2 der Ligaverband Satzung wird bestimmt, dass es Kapitalgesellschaften nur möglich ist eine Lizenz und damit die Mitgliedschaft im Ligaverband zu erwerben, wenn der Verein mehrheitlich an ihr beteiligt ist, über eine eigene Fußballabteilung verfügt und welcher sportlich an der Teilnahme für die Lizenzliga qualifiziert ist. Weiterhin ist „der Verein („Mutterverein") an der Gesellschaft mehrheitlich beteiligt („Tochtergesellschaft"), wenn er über 50% der Stimmenanteile zuzüglich mindestens eines weiteren Stimmenanteils in der Versammlung der Anteilseigner verfügt. Bei der Kommanditgesellschaft auf Aktien muss der Mutterverein oder eine von ihm zu 100 % beherrschte Tochter die Stellung des Komplementärs haben. In diesem Fall genügt ein Stimmenanteil des Muttervereins von weniger als 50 %, wenn auf andere Weise sichergestellt ist, dass er eine vergleichbare Stellung hat, wie ein an der Tochtergesellschaft mehrheitlich beteiligter Gesellschafter. Dies setzt insbesondere voraus, dass dem Komplementär die kraft Gesetzes eingeräumte Vertretungs- und Geschäftsführungsbefugnis uneingeschränkt zusteht." (DFB, 2013, S. 15).

Diese Satzung, welche auch als „50+1 Regelung" bekannt ist, soll verhindern, dass Kapitalgeber oder Großunternehmen die vollständige Kontrolle über die Mannschaften von Vereinen erhalten. Denn dadurch soll das sportliche Interesse der Vereine vor den wirtschaftlichen Interessen der Unternehmen beschützt werden.

1.4 Strukturelle Veränderung des Hamburger Sport-Vereins

Am 25. Mai 2014 wurde in einer ordentlichen Mitgliederversammlung des Hamburger SV die Ausgliederung des Geschäftsbereichs Profifußball beschlossen. Knapp 87 % der Mitglieder stimmten dafür, dass der Traditionsverein Hamburger Sport-Verein e.V. den Fußball-Lizenzspielerbereichs auf die Tochtergesellschaft „HSV Fußball AG" überträgt.

Bei der HSV Fußball AG handelt es sich um die bereits existierende HSV Sport AG, welche den Namen im Rahmen der Ausgliederung geändert hat (Hamburg Sport-Verein e.V. - Ausgliederungszusammenfassung, 2014, S. 1).

Als Grund für die Ausgliederung nennt der Vorstand die Professionalisierung im Fußball. „Um die Voraussetzungen für eine langfristige erfolgreiche sportliche und wirtschaftliche Entwicklung zu schaffen, benötigt der Hamburger Sport-Verein e.V. adäquate, professionelle und effiziente Strukturen. Auf diese Weise soll der strukturell bedingte, zunehmende Wettbewerbsnachteil beseitigt und ein wirtschaftlich solides und sportlich erfolgreiches, zeitgemäßes Fußballunternehmen geschaffen werden" (Jarchow, 2014, S. 30f.). Die Ausgliederung bietet vor allem die Chance, neben den klassischen Erlösen aus den sportlichen Erfolgen auch eine Kapitalerhöhung der HSV Fußball AG durch strategische Partner zu generieren, welches im Rahmen des gemeinnützigen, nicht-wirtschaftlich orientierten Hamburg Sport-Vereins e.V. nicht möglich wäre. Durch konstant hohe Einnahmen durch z.B. einen langanhalten sportlichen Erfolg und den dadurch entstehenden Einnahmen aus Sponsoringverträgen kann der Status der Gemeinnützigkeit in Gefahr sein. Sofern dem Verein die Gemeinnützigkeit aberkannt wird, verliert dieser auch die viele Steuerprivilegien, wovon ein Verein profitiert. Durch die Ausgliederung bleibt dieser Status dem Verein erhalten. Weiterhin eröffnet dies den Vorteil eine wirtschaftliche Stabilität zu erreichen, auch wenn die sportlichen Erfolge gering sind.

Durch die Ausgliederung ergeben sich dadurch entsprechend neue Strukturen.

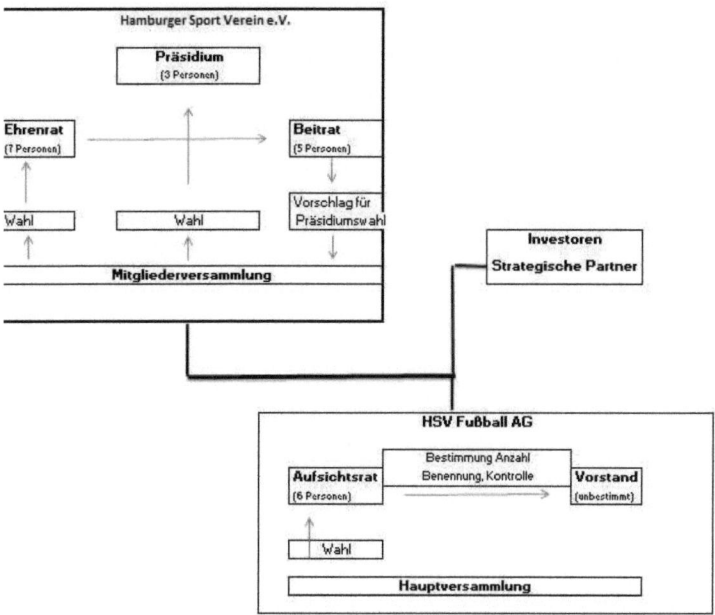

Abbildung 3: neue Vereinsstruktur HSV e.V. & HSV Fußball AG

Das oberste beschließende Organ des Hamburg Sport-Vereins e.v. ist die **Mitgliederversammlung**, welche zwei Mal im Jahr einberufen wird. Die Aufgaben der Mitgliederversammlung sind unter anderem die Wahl des Präsidiums und des Ehrenrates (Hamburger Sport-Verein e.V. [HSV], 2014, S. 7).

Wie in Abbildung 3 zu erkennen ist, besteht das **Präsidium** aus drei Personen; dem Präsident, dem Vizepräsident und dem Schatzmeister. Durch einen Vorschlag, der vom Beirat ausgeht, wählen die Mitglieder das Präsidium für drei Jahre. Ihnen obliegt die Geschäftsführung und sind gesetzliche Vertreter des Vereins (HSV, 2014, S.10).

Als ein weiteres, wichtiges Organ ist der **Beirat**. Die fünf Mitglieder setzen sich aus dem Vorsitzenden des Ehrenrates, dem Delegierten der Amateure und ein Delegierter der fördernden Mitglieder zusammen. Ergänzt werden diese drei Gremiummitglieder durch ein Ehrenmitglied mit einer goldenen Nadel, welcher dem Verein schon mindestens 50 Jahre angehört und einem Ehrenmitglied mit sportlichen Verdiensten (HSV, 2014, S. 10).

Des Weiteren wird auch der **Ehrenrat** von den Mitgliedern für eine Amtsperiode von fünf Jahren gewählt. Dieser besteht aus sieben Personen, die mindestens 35 Jahre sind und dem Verein schon über zehn Jahre angehören. Die Mitglieder des Ehrenrats sind ehrenamtlich tätig und sind somit frei von Weisungen durch andere Vereinsorgane. Sie fungieren als Berater für die anderen Organe des Vereins, ahnden Verstöße gegen die Satzung und versuchen Streitigkeiten des Vereins und den Mitglieder zu regeln. Aus diesem Grund muss mindestens ein Mitglied des Ehrenrates die Befähigung zum Richteramt haben (HSV, 2014, S.12).

Wie zu Beginn des Textes erläutert wurde, ist die HSV Fußball AG eine Tochtergesellschaft des Hamburger Sport-Vereins e.V. Durch die satzungsmäßige festgeschriebene Regelung bleibt der HSV e.V. Mehraktionär mit einer Beteiligung von mindestens 50% plus einer Aktie („50+1 Regel") (Jarchow, 2014, S. 40). Abbildung 3 zeigt deutlich, dass die HSV Fußball AG aus der Hauptversammlung, dem Aufsichtsrat und dem Vorstand besteht. In der ein Mal jährlich stattfindenden, ordentlichen **Hauptversammlung**, welche für alle stimmberechtigen Mitglieder und Aktionäre gelten, wird unter Anderem über die Gewinnverwendung, Kapitalbeschaffung und Satzungsänderungen diskutiert.

Außerdem wählt die Hauptversammlung fünf Personen für den **Aufsichtsrat**. Ergänzt wird der Aufsichtsrat durch den Präsidenten des Hamburger Sport-Vereins e.V. der als sechstes Mitglied fungiert (HSV Fußball AG [HSV AG], 2014, S.3). In der Amtszeit von vier Jahren hat der Aufsichtsrat für die Überwachung und Kontrolle der Geschäftsführungstätigkeit des Vorstands zu sorgen. Darüberhinaus bestellen die Personen im Aufsichtsrat den **Vorstand** und bestimmen die Anzahl die Mitglieder. Daraus wird deutlich, dass es keine satzungsmäßig festgelegte Anzahl an Mitgliedern im Vorstand gibt. Der Vorstand trägt die Verantwortung für die Führung der Gesellschaft nach Maßgabe der Gesetze, der Satzung und der Geschäftsordnung, welche dem Vorstand durch den Aufsichtsrat auferlegt wurde. Zudem berichtet der Vorstand im Rahmen der gesetzlichen Pflichten den Aktionären über den Geschäftsverlauf auf der Hauptversammlung (HSV AG, 2014, S.3).

Als einen wichtigen Punkt, den die Abbildung verdeutlicht, sind die Investoren bzw. strategischen Partner zu nennen, die Aktien an der HSV Fußball AG erwerben können, denen für 1 € Nennbetrag eine Stimme gewährt wird. (HSV AG, 2014, S.5).

Da das Grundkapital der Gesellschaft 3,5 Millionen Euro beträgt, ist es nur möglich, höchstens 1,75 Millionen Euro an Aktien zu erwerben, damit der Hamburger Sport-Verein e.V. laut Satzung immer Mehrheitsaktionär bleibt (50+1 Regel) (HSV AG, 2014, S.3).

2 Haftung im Sport

2.1 Haftung - Teil I

Thomas möchte Schadensersatz von Verein „Eisbären Berlin e.v." für die Behandlungskosten auf Grund eines Pucks, der ihn am Kopf traf und schwer verletzte.

1. AGL: § 280 I BGB in Verbindung mit § 31 BGB

a) Schuldverhältnis (+)
Zwischen Thomas und dem Verein besteht ein Schuldverhältnis. Mit dem Kauf einer Zuschauerkarte hat Thomas einen Zuschauervertrag mit dem Verein „Eisbären Berlin e.V." geschlossen.

b) Pflichtverletzung (+)
Der Verein hat eine die ihm auferlegte Pflicht verletzt. Durch die nur noch gelegentlich durchgeführte Kontrolle des Netzes wurde die Schutzpflicht verletzt. Der Verein ist bei einem Eishockeyspiel in der Pflicht alle erforderlichen Maßnahmen durchzuführen, um die Sicherheit der Zuschauer zu gewährleisten. Gerade hinter dem Tor besteht eine höhere Wahrscheinlichkeit für einen Puck, der das Tor verfehlt und in die Richtung der Zuschauer fliegt.

c) Vertetenmüssen (+)
Der Verein hat den Schaden, der bei Thomas entstanden ist, gemäß $ 280 BGB zu vertreten. Durch die in b) beschriebene Pflichtverletzung so kann der Gläubiger einen Ersatz durch den Puck entstanden Schaden verlangen

d) Schaden (+)
Durch einen abgefälschten Puck, der in die Richtung der Zuschauer flog, wurde Thomas schwer am Kopf getroffen und verletzt. Durch mangelhafte Kontrolle des Auffangnetzes

Rechtsfolge:
Der Verein ist schuldig, da er eine in dem Schuldverhältnis, welches zwischen den „Eisbären Berlin e.V." und dem Zuschauer Thomas bestand, eine ihm auferlegte Pflicht verletzt hat. Der Verein hat dafür Sorge zu tragen, dass die Schutzpflichten eingehalten werden und das Fangnetz in einem optimalen Zustand ist. Nach § 31 BGB haftet der Verein für Organe, die Aufgaben in Ausführung des Vereins erledigen. Friedrich hat in Ausführung des Vereins die Netze zwar nur noch eingeschränkt kontrolliert, war aber durch die ihm auferlegten Tätigkeiten für den Verein tätig. Es wäre möglich, dass Friedrich sich im Innenverhältnis für sein Verhalten verantworten muss, soll aber hier nicht weiter thematisiert werden. Der Zuschauer Thomas muss sich darüber hinaus auch im Klaren sein, dass er sich mit der Sitzplatzwahl hinter dem Tor einer erhöhten Gefahr begibt. Jedoch stellt das Fangnetz im Eishockey, gerade hinter dem Tor, den wichtigsten Schutz für die Zuschauer dar und muss vor jedem Spiel auf Mangel überprüft werden. Dieser Organisations- und Schutzpflicht ist der Verein nicht nachgekommen und muss sich somit gemäß § 280 BGB in Verbindung mit § 31 BGB für den Schaden verantworten. Thomas hat Anspruch auf Schadensersatz von den „Eisbären Berlin e.V."

2.2 Haftung – Teil II

Die „Sauerland GmbH" verlang von Klaus Ersatz für den entstandenen Schaden.

1. AGL § 823 I BGB

a) Rechtsgutverletzung (-)
Klaus hat durch sein verkehrswidriges und fahrlässiges Verhalten den Boxer Arthur Abraham verletzt, jedoch nicht die „Sauerland GmbH".

Rechtsfolge:
Der Kraftfahrer Klaus ist daher der „Sauerland GmbH" nicht zum Schadensersatz verpflichtet, da ihr durch das Verhalten gemäß 823 I BGB keinen direkten Schaden zugefügt wurde.

Die „Sauerland GmbH" verlangt von Klaus Ersatz für den entstandenen Schaden.

2. AGL § 280 I BGB

a) Schuldverhältnis (-)
Zwischen der „Sauerland GmbH" und dem Kraftfahrer Klaus besteht kein Schuldverhältnis.

Rechtsfolge:
Der Kraftfahrer Klaus ist durch seine Handlung der „Sauerland GmbH" nicht zum Schadensersatz verpflichtet, da gemäß § 280 I BGB beide Parteien in keinem Schuldverhältnis zueinander stehen.

Wie aus den obigen Darstellungen ersichtlich wurde, hat die „Sauerland GmbH" keinen Anspruch auf Schadensersatz vom Kraftfahrer Klaus.
Im Folgenden soll noch dargestellt werden, wem gegenüber der Kraftfahrer Klaus schadensersatzpflichtig ist.

Artur Abraham -> Klaus

1. AGL § 823 I BGB

a) Rechtsgutverletzung (+)
Kraftfahrer Klaus hat den Sportler Arthur Abraham verletzt.

b) Verletzungshandlung (+)
Kraftfahrer Klaus hat durch sein verkehrswidriges und ihm zurechenbares Verhalten den Boxer verletzt.

c) Kausalität (+)
Infolge des Verhaltens von Klaus hat sich der Sportler verletzt. Die Rechtsgutverletzung steht mit der Handlung im Zusammenhang

d) Rechtswidrigkeit (+)

Der Kraftfahrer Klaus hat durch sein Handeln rechtswidrig gehandelt. Die Rechtswidrigkeit wird durch die Rechtsgutverletzung indiziert und entfällt nur beim Vorliegen von Rechtfertigungsgründen, welche in diesem Fall nicht ersichtlich sind.

e) Verschulden § 276 II BGB (+)

Kraftfahrer Klaus hat durch sein verkehrswidriges Verhalten fahrlässig gehandelt. Er hat die im Verkehr erforderliche Sorgfalt außer Acht gelassen und handelte damit fahrlässig i.S.d. § 276 II BGB. Durch diese schuldhafte und rechtswidrige Handlung ist ein Schaden am Boxer Arthur Abraham entstanden, wodurch die Veranstaltung nicht durchführbar war.

Rechtsfolge:

Der Kraftfahrer Klaus ist daher gegenüber Arthur Abraham gemäß 823 I BGB zum Schadensersatz verpflichtet.

Zusammenfassend lässt sich durch die überprüften Anspruchsgrundlagen darstellen, dass der Kraftfahrer Klaus der „Sauerland GmbH" zu keinem Ersatz des entstandenen Schadens verpflichtet ist, da die beiden Parteien nicht in einem Schuldverhältnis zueinander stehen und der „Sauerland GmbH" nicht direkt einen Schaden zugefügt wurde. Bei einer Anklage von dem Boxer Arthur Abraham müsste sich Klaus für den Schaden verantworten. Hätte die „Sauerland GmbH" in der Ausgestaltung des Vertrages mit dem Boxer einen Paragraphen für mögliche Unfälle vor dem Event integriert, so wäre Klaus für den Ersatz des Schadens verantwortlich, weil diese dann in einem Schuldverhältnis zueinander stünden.

2.3 Haftung – Teil III

Der Vereinsvorsitzenden „Schlau" des „VfB Ingolstadt e.V." unterlässt es den Insolvenzantrag auf Grund von Zahlungsunfähigkeit zu beantragen „Wichtig" und „Geduldig" erheben Ansprüche gegenüber dem

1. AGL: § 823 I BGB i. V. m. § 31 BGB

a) Rechtsgutverletzung (+)

„Schlau" hat eine Insolvenzverschleppung herbeigeführt, indem er den Insolvenzantrag nicht gestellt hat.

b) Verletzungshandlung (+)

„Schlau" hat trotz Wissen um die Zahlungsunfähigkeit des Vereins „VfB Ingolstadt e.v." keine Insolvenz angemeldet und weiterhin Leistungen in Anspruch genommen.

Zurechnung der Handlung von „Schlau" zum Verein „VfB Ingolstadt e.V." gemäß § 31 BGB

  I) „Schlau" ist Vereinsvorsitzender im Verein (+)
  II) „Schlau" hat nicht in Ausführung des Vereins gehandelt, indem er den Insolvenzantrag nicht gestellt hat. Würde „Schlau" in Ausführung seiner zugeteilten Aufgaben handeln, hätte er nicht mit Vorsatz die Zahlungsunfähigkeit des Vereins verschwiegen und den Insolvenzantrag zur richtigen Zeit angemeldet. (-)

c) Kausalität (+)

Die Rechtsgutverletzung steht in Verbindung mit der Handlung. „Schlau" hat trotz Wissen der Zahlungsunfähigkeit des Vereins keine Insolvenz angemeldet und weiterhin Leistungen bezogen. Dadurch ist ein Schaden, sowohl dem Verein als auch den Gläubigern gegenüber, entstanden.

d) Rechtswidrigkeit:
Der Vereinsvorsitzende hat durch sein Handeln rechtswidrig gehandelt und es liegen keine Rechtfertigungsgründe vor.

e) Verschulden
Nach § 42 II BGB hat der Vorstandsvorsitzende, im Falle einer Zahlungsunfähigkeit gemäß § 17 InsO, die Eröffnung eines Insolvenzverfahrens zu beantragen.

Rechtsfolge:
Der Vereinsvorstandsvorsitzende „Schlau" soll in Ausführung des Vereins mit den auferlegten Pflichten für ihn handeln. Er wusste um die Zahlungsunfähigkeit des Vereins Bescheid und hat mit Vorsatz diesen nicht für das Insolvenzverfahren angemeldet. Gemäß § 31a II übernimmt der Verein keine Haftung gegenüber Organmitgliedern, die einen Schaden unter anderem wegen Vorsatz herbeigeführt haben. Dies trifft auf „Schlau" zu. Weiterhin regelt § 42 II, dass der Vorstand bei Zahlungsunfähigkeit das Insolvenzverfahren eröffnen muss. Sie sind jedoch Gesamtschuldner haftbar, wenn es zu einer Verzögerung dieser Eröffnung kommt. Somit lässt sich feststellen, dass der Vereinsvorsitzende „Schlau" gegenüber „Wichtig" und „Geduldig" haftet und ihm gegenüber Ansprüche erheben kann

3 Arbeitsrecht im Sport

3.1 Arbeitsrecht – Fall I

Im folgenden Absatz soll nun erläutert werden, ob der Sportler Henry S. als Arbeitnehmer oder als Selbstständiger einzustufen ist. Bezugnehmend auf den zweiten Paragraphen des geschlossenen Vertrages wird erläutert, dass der Sportler keinem Weisungs- und Direktionsrecht durch den Auftraggeber unterliegt. Des Weiteren kann er frei über die Trainingszeit, die Dauer, die Art und den Ort frei entscheiden.

Die Gewerbeordnung § 106 legt fest, dass ein Arbeitgeber den Ort, Zeit und den Inhalt der Arbeit bestimmen kann. Weiterhin unterliegt der Arbeitnehmer den Weisungen des Arbeitgebers. In diesem Punkt ist dies nicht der Fall, sodass der zweite Paragraph des geschlossenen Vertrages ein Indiz dafür ist, dass der Sportler als Selbstständiger einzustufen ist.

Paragraph 3 besagt, dass eine ordentliche Kündigung ausgeschlossen ist, jedoch eine fristlose Kündigung bei Verstoß eine sofortige Wirkung nach sich zieht. Laut § 622 BGB ist das Arbeitsverhältnis eines Angestellten mit einer Frist von 4 Wochen zu kündigen. Gemäß § 622 V kann Einzelvertraglich eine kürzere Kündigungsfrist nur unter der Bedingung festgesetzt werden, wenn der Arbeitnehmer vorübergehend als Aushilfe eingestellt wird. Außerdem ist es möglich wenn der Arbeitgeber in der Regel nicht mehr als 20 Arbeitnehmer ausschließlich der zu ihrer Berufsbildung Beschäftigten beschäftigt und die Kündigungsfrist vier Wochen nicht unterschreitet.

Demnach ist auch dieser Paragraph ein weiteres Indiz dafür, dass der Sportler Selbstständig ist.

Mit Hinblick auf den vierten Paragraphen wird beschrieben, dass der Sportler eine pauschale Bezahlung erhält und weitere Zahlungen, sofern er an Wettkämpfen teilnimmt. Dies ist ein weiteres Anzeichen für eine selbstständige Tätigkeit, da der Status einer Arbeitnehmereigenschaft unter anderem die Teilnahme an Wettkämpfen festlegt. In der Selbstständigkeit ist es dem Sportler selbst überlassen, ob er sich zu Wettkämpfen verpflichtet.

Auch im letztgenannten Punkt über den freien Entscheid seiner Trainertätigkeit ist eine Selbstständigkeit zu erkennen. Die Eigenschaft eines Arbeitnehmers setzt in diesem Punkt voraus, dass es klare Richtlinien gibt, inwiefern Henry S. seine Trainingseinheiten zusammensetzt und wie oft diese in der Woche durchgeführt werden. Dementsprechend ist ein Arbeitnehmern davon abhängig, welche Pflichten im Arbeitsvertrag ausgehandelt wurden, wie, wann, wo und wie oft die Trainingseinheiten durchgeführt werden. Daher finden in diesem Punkt die Erfahrungen, die Henry gemacht hat, wodurch er ein eher unregelmäßiges Training durchführen möchte, eine untergeordnete Rolle. Dementsprechend ist dieser Punkt ebenfalls ein Indiz für eine selbstständige Tätigkeit.

Zusammenfassend lässt sich darstellen, dass durch die oben genannten Punkte Henry S. als selbstständige Person anzusehen ist und keine Arbeitnehmereigenschaft besitzt.

3.2 Arbeitsrecht – Fall II

Nachfolgend wird nun herausgestellt, dass zwischen dem Sportverein „Kicker e.V." und seinen Spielern ein Arbeitsverhältnis besteht.

Ein Arbeitnehmer definiert sich als eine Person, die aufgrund eines Arbeitsvertrages unselbstständige und fremdbestimmte Arbeit zu verbringen hat (Gabler Wirtschaftslexikon, 2015). Den wichtigsten Beleg für ein bestehendes Arbeitsverhältnis liefert der Punkt, dass mündliche Vereinbarungen getroffen wurden. Denn für die meisten Verträge ist es nicht wichtig, ob der Vertrag mündlich oder schriftlich getätigt wurde (Eichler, 2009). Weiterhin lässt sich feststellen, dass die Spieler für ihre Arbeitsleistung, die hier in Form von einem Saisonspiel vorliegt, eine Vergütung von 50-80 Euro erhalten. Außerdem sind die Spieler dazu verpflichtet, dass sie regelmäßig ein Mal die Woche am Training teilnehmen müssen. Somit sind die Spieler an Weisungen gebunden und unterliegen einer Direktionspflicht, welches wiederum dafür spricht, dass in dem Fall eine Arbeitnehmereigenschaft vorliegt. Ein Vertrag für eine vorliegende Arbeitnehmereigenschaft enthält unter anderem konkrete Angaben über die Zeit und den Ort eines regelmäßigen Training, sowie Verpflichtungen über die Teilnahme an Ligaspiele (Wüterich & Breucker, 2012, S. 154). Da all diese genannten Punkte in der mündlichen Vereinbarung getroffen wurden, sind die Spieler als Arbeitnehmer einzustufen.

Im Hinblick auf die Einstufung des Außenprüfers liegt dieser mit der Einschätzung für die Pauschalierung der Lohnsteuer nicht richtig. Die Pauschalierung der Lohnsteuer gemäß § 40a Abs. 1 EStG sagt unter anderem aus, dass eine pauschale Besteuerung des Lohnes nur dann zutrifft, wenn der Arbeitnehmer als Aushilfe gilt und nicht regelmäßig beim Arbeitgeber beschäftigt ist. Wie oben schon erläutert wurde, wurde in der mündlichen Absprache die Verpflichtung getroffen, dass die Spieler regelmäßig ein Training absolvieren müssen. Somit kann die Pauschalierung der Lohnsteuer § 40a Abs. 1 EStG bei den Spielern des „Kicker e.V." nicht geltend gemacht werden. Somit muss der Arbeitgeber die Lohnsteuer normal abführen.

3.3 Arbeitsrecht – Fall III

Im Bezug auf die Fragestellung, ob Tristan R. als Arbeitnehmer einzustufen ist, lässt sich hier ganz bedeutend feststellen, dass ein Übungsleitervertrag existiert, in der alle wichtigen Vereinbarungen festgehalten wurden. Zwar wurde dieser Vertrag mit Arnold M. als andere Vertragspartei abgeschlossen und nicht der Verein „Handball e.V.", jedoch ist dieser rechtskräftig, da dieser der Vorsitzende des Vereins ist und somit in Ausführung des Vereins handelt. Er geht die ihm auferlegten Pflichten des Vereins nach und engagiert einen Übungsleiter, welcher für den Verein gebraucht wird. In dem Vertrag wurde die Vereinbarung getroffen, dass Tristan R. erst ab dem 01.07.2014 als Trainer zur Verfügung stehen soll. Demnach darf er bis zu diesem Zeitpunkt noch keiner Trainertätigkeit nachgehen. Für die Besichtigung des Trainingslagers und für die Vorbereitung erhält er ein Auto, welches er für die Zeit vor dem Beginn seines Vertrages erhält. Diese Nebenabsprache wurde in Punkt 4 schriftlich festgehalten. Somit ist in diesem Punkt festzustellen, dass der Vorsitzende Arnold M. bis zum 01.07.2014 keine Sozialabgaben für Tristan R. abführen muss, da er für seine Tätigkeiten noch keinen Lohn im Austausch erhält. Er erhält lediglich ein Auto, welches ihm für seine Vorbereitungen zur Verfügung steht. Ab dem 01.07.2014 sind alle Voraussetzungen erfüllt, damit Tristan R. als Arbeitnehmer einzustufen ist. Für seine Leistung erhält er ein monatliches Entgelt von 2.500 €. Er unterliegt der Verpflichtung ein 3- bis 4-maliges Training in der Woche mit der Mannschaft durchzuführen. Weiterhin sorgte Arnold M. als Vorsitzende für die Organisation von Trainingsplätzen und Trainingslagern.

Somit ist Tristan R. als Trainer an Ort und Zeit gebunden, welches mit der Voraussetzungen für die Arbeitnehmereigenschaft ist (Wüterich & Breucker, 2012, S. 154). Weiterhin wird in der Aufgabe deutlich, dass Tristan R. während seines Urlaubs weiterhin sein Entgelt erhielt. Denn gemäß BurlG § 1 hat ein Arbeitnehmer Anspruch auf bezahlten Erholungsurlaub. Außer wurde während des Krankenhausaufenthaltes eine Lohnfortzahlung durchgeführt. Somit wird auch in diesem Punkt deutlich, dass Tristan R. als Arbeitnehmer einzustufen und als „versicherungspflichtig beschäftigt" ist. Welcher Punkt aus der Aufgabenstellung nicht ersichtlich wird, ist die Vereinbarung über die Zahlung des Entgelts. Arnold M. tätigte die Zahlungen für Tristan R. aus dem Geld von den Sponsoren oder sie erfolgten von seinem privaten Konto. Es besteht nun die Möglichkeit, dass keine Absprachen über die Zahlungen erfolgten, von wo diese getätigt werden oder sie wurden mündlich vereinbart. Andererseits besteht auch die Möglichkeit, dass Arnold M. bewusst Zahlungen aus seinem privaten Vermögen getätigt hat und diese nicht über den Verein erfolgten, um die Abführung der Sozialabgaben zu umgehen, wodurch sich der Vorsitzende dann strafbar macht.

Denn durch all die oben genannten Aspekte ist es eindeutig, dass Tristan R. als Arbeitnehmer einzustufen und „versicherungspflichtig beschäftigt" ist und dementsprechend Sozialabgaben abgeführt werden müssen.

4 Sponsoringvertrag

Sponsoringvertrag

zwischen

Firma:	„Musterstadt Bank AG"
Straße / Nr.:	Schillerstraße 12
PLZ / Ort:	27355 Musterstadt
Land:	Deutschland
Vertreten durch:	Wolfgang Beispiel (Geschäftsführer)

- Nachfolgend „**Sponsor**" genannt -

und

Verein:	„VB Vierjahreszeiten e.V."
Straße / Nr.:	Nordmannstraße 25
PLZ / Ort:	27358 Musterstadt
Land:	Deutschland
Vertreten durch:	Harry Muster (Vorstandsvorsitzender)

- Nachfolgend „**Gesponserter**" genannt -

wird folgender Sponsoringvertrag geschlossen:

Präambel

Der Gesponserte führt von Juni bis August zum fünften Mal ein überregionales Beachvolleyballturnier in Norddeutschland durch. Dieses Turnier wird nachfolgend als „Veranstaltung" genannt.

Die in den vier Standorten, Lübeck, Kiel, Travemünde und Musterstadt stattfindende Veranstaltung erstreckt sich jeweils über den Samstag und Sonntag. Pro Turnier ist es 12 Frauen- und Männer-Duos gestattet daran teilzunehmen. An jedem Wochenende werden die besten drei Teams ermittelt. Das Finale wird in Musterstadt ausgetragen.
Durch die letzten Jahre hat sich gezeigt, dass im Durchschnitt 10.000 Zuschauer pro Wochenende die Veranstaltung besuchen. Außerdem genießt diese Veranstaltung eine hohe regionale und überregionale, mediale Aufmerksamkeit.

Der Sponsor ist ein in Musterstadt vertretenes Kreditinstitut mit 12 Filialen und knapp über 10.000 Kunden. Durch das Sponsoring möchte der Sponsor die regionale aber vor allem auch die überregionale mediale Aufmerksamkeit nutzen, um den Bekanntheitsgrad zu steigern und einen Imageaufbau voranzutreiben.

Daraus resultierend schließen die beiden Vertragsparteien folgenden Sponsoringvertrag:

§ 1 Leistung des Sponsors

(1) Der Sponsor stellt dem Gesponserten finanzielle Mittel zur Förderung einmalig zum Zweck der Durchführung der Veranstaltung zur Verfügung.
(2) Der Sponsor stellt für alle Veranstaltungstage in jeder Stadt einen Shuttle-Service zur Verfügung. Dieser Shuttle-Service sorgt dafür, dass alle Sportler rechtzeitig abgeholt und zum Veranstaltungsort gefahren werden. Sobald die Veranstaltung an dem Tag vorüber ist, werden die Sportler wieder zurück in ihre Hotels gebracht. Der Sponsor selbst stellt die Fahrzeuge zur Verfügung.

(3) Der Sponsor wird dem Verein die nötigen Werbemittel unentgeltlich zur Verfügung stellen und ihm auch anderweitig logistische Hilfe bei der Umsetzung des Vertrages anbieten. Die Kosten für die Herstellung und Anbringung von Werbemitteln des Sponsors trägt der Sponsor.

§ 2 Leistung des Gesponserten

Als Gegenleistung für die Leistungen des Sponsors gemäß § 1 erbringt der Gesponserte folgenden Leistungen:

(1) Der Sponsor ist Hauptsponsor bei dieser Veranstaltung.

(2) Der Gesponserte räumt dem Sponsor das Recht ein, ab dem 01.03.2016 und während der Veranstaltung im Rahmen der Marktkommunikation, das Prädikat „Offizieller Sponsor der Veranstaltung" auf Plakaten, Firmenzeitschriften, in Anzeigen und auf der Website, nutzen zu dürfen.

(3) Der Gesponserte verpflichtet sich, bei allen Durchsagen den Sponsor mit dem Förderprädikat „Offizieller Sponsor dieser Veranstaltung ist die „Musterstadt Bank AG" zu erwähnen.

(4) Der Sponsor erhält das Recht bei der Veranstaltung um das Spielfeld herum, jeweils an den Längsseiten die Banden mit Werbemitteln auszustatten. Der Sponsor verpflichtet sich die genannten Werbemittel bis spätestens 2 Tage vor dem Beginn der Veranstaltung anzubringen.

(5) Dem Sponsor wird gewährt, das Geschäftslogo der „Musterstadt Bank AG" auf die Vorderseite der Wettkampfbekleidung anzubringen. Die Spieler verpflichten sich bei allen Austragungen der Wettkämpfe diese zu tragen. Die Ausstattung der Wettkampfbekleidung muss bis spätestens 4 Wochen vor dem Beginn der Veranstaltung durchgeführt werden. Die Kosten werden hierfür vom Sponsor übernommen.

(6) Es ist dem Gesponserten untersagt, die Werbeflächen ganz oder teilweise zu verändern, insbesondere die Marke oder sonstige Kennzeichen des Sponsors zu entfernen, die Beschriftung ganz oder teilweise zu verdecken oder Marken oder sonstige Kennzeichen direkter Konkurrenten anzubringen.

§ 3 Gefahrtragung/Leistungsstörung

(1) Im Falle einer Undurchführbarkeit der Veranstaltung durch höhere Gewalt, die vorher nicht abzusehen war, trägt der Gesponserte das Risiko.

(2) Für alle weiteren Fälle, die (1) nicht abdeckt, gilt das Gesetzt § 313 der Bürgerlichen Gesetzbuches

§ 4 Laufzeit & Optionsrechte

(1) Die Laufzeit des Vertrages ist nur auf die Dauer der Veranstaltung gerichtet. Damit inbegriffen ist auch die Zeit, die der Sponsor vor der Veranstaltung nutzen kann, um Werbeaktivitäten durchzuführen. Hierzu wird auf § 2 (2) verwiesen.

(2) Der Vertrag endet nach Beendigung der Veranstaltung und bedarf keiner weiteren schriftlichen Kündigung.

(3) Der Gesponserte räumt dem Sponsor ein Vorrecht auf den Abschluss eines erneuten Sponsoring- bzw. Werbevertrages ein, sofern sich der Gesponserte dazu entschließt, eine weitere Veranstaltung im nächsten Jahr zu organisieren. Nach Bekanntwerden der Organisation für eine erneute Veranstaltung hat der Sponsor vier Wochen Zeit sich zu entscheiden, ob er einen weiteren Sponsoringvertrag für Werbeaktivitäten eingehen möchte. Nach Ablauf der Frist steht es dem Gesponserten frei, einen Vertrag mit Dritten einzugehen.

$ 5 Zahlungsmodalitäten

Der Sponsor verpflichtet sich einmalig einen Betrag in Höhe von 250.000 € zuzüglich der gesetzlichen Umsatzsteuer zu zahlen. Die Zahlung ist am 01.03.2016 fällig. Die Zahlung erfolgt auf das folgende Konto:
Kontoinhaber ....
Bank ....,
IBAN ....
BIC ....
unter Angabe des Verwendungszwecks:
Verwendungszweck: ....

§ 6 Haftungsausschluss

(1) Die Organisation und Durchführung der Veranstaltung obliegt allein dem Gesponserten. Der Gesponserte stellt den Sponsor von der Haftung für Schäden, die aus der Tätigkeit des Gesponserten resultieren gegenüber Dritten frei. Die Werbemittel sind vom Sponsor so anzubringen, dass Gefahren ausgeschlossen sind

(2) Der Gesponserte übernimmt keine Gewähr dafür, dass die Werbe- und Imageaktivitäten die angestrebte Werbewirkung vom Sponsor auch erreichen.

§ 7 Kündigungsklausel

(1) Gemäß § 4 bedarf dieser Vertrag keiner schriftlichen Kündigung. Der Vertrag endet nach Beendigung der Veranstaltung automatisch.

(2) Der Vertrag kann von beiden Seiten aus wichtigem Grund vorzeitig und fristlos gekündigt werden. Ein wichtiger Grund liegt insbesondere vor, wenn
- einer der Vertragspartner trotz Aufforderung wiederholt die vereinbarten Leistungen nicht geleistet hat.
- das Recht auf Exklusivität verletzt wurde.
- schwerer Schaden durch vertragswidriges Verhalten entstanden ist.
- Ein Insolvenzverfahren über das Vermögen des Vertragspartners eröffnet wurde.

(3) Eine Rückgewehr von empfangenen Leistungen bei einer außerordentlichen Kündigung ist ausgeschlossen.

§ 8 Wettbewerbsverbote

(1) Der Sponsor ist Hauptsponsor der Veranstaltung. Der Gesponserte ist berechtigt, weitere Verträge mit Sponsoren zu schließen, sofern diese Verträge nicht gegen § 8 (2), (3) und (4) verstoßen.

(2) Der Gesponserte verpflichtet sich, keinem anderen Sponsor das Namensrecht an der Veranstaltung zu übertragen.

(3) Der Gesponserte verpflichtet sich, keine andere Fima konkurrenzfähiger Produkte als Sponsor für die Veranstaltung zu beteiligen.

(4) Der Gesponserte verpflichtet sich, für die Veranstaltung keine ähnliche Vereinbarung mit regionalen Wettbewerbern des Sponsors abzuschließen. Dem Sponsor wird eine Branchenexklusivität gewährt.

§ 9 Abtretungsverbot

(1) Der Gesponserte ist zur Leistungsbewirkung durch seine Organe verpflichtet. Die völlige oder teilweise Leistungsbewirkung durch andere als die genannten Personen oder durch Erfüllungsgehilfen ist nur mit vorheriger schriftlicher Einwilligung des Sponsors zulässig.

(2) Die Forderungen und sonstige Ansprüche aus diesem Vertrag sind nur mit vorheriger schriftlicher Einwilligung des Schuldner oder des Anspruchs abtretbar.

§ 10 Vertraulichkeit

(1) Beide Vertragspartner werden den Inhalt dieses Vertrages, sowie im Rahmen ihrer Zusammenarbeit bekannt werdende Geschäfts- oder Betriebsgeheimnisse vertraulich behandeln. Diese Verpflichtung gilt auch über die Beendigung dieses Vertrages hinaus.

(2) Davon unberührt bleibt der Fall, wenn die Vertragsparteien diesen Vertrag für steuerliche Zwecke und Anerkennung der Finanzbehörde vorlegen müssen.

§ 11 Vertragsstrafe

(1) Beide Parteien verpflichten sich im Falle eines Verstoßes gegen die aufgeführten Verpflichtungen für beide Parteien eine Vertragsstrafe in Höhe von 50.000€ an den Vertragspartner zu zahlen.

(2) Die Geltendmachung eines weiteren Schadens bleibt beiden Vertragsparteien vorbehalten.

§ 12 Salvatorische Klausel

(1) Sollten einzelne Bestimmungen dieses Vertrages unwirksam oder undurchführbar sein oder nach Vertragsschluss unwirksam oder undurchführbar werden, bleibt davon die Wirksamkeit des Vertrages im Übrigen unberührt. Die undurchführbaren Bestimmungen sollen mit durchführbaren Regelungen ersetzt werden, wenn dies dem Willen beider Vertragsparteien entspricht.

§ 13 Schlussbestimmungen

(1) Mündliche Nebenabreden wurden nicht getroffen. Alle Änderungen oder Ergänzungen dieses Vertrages bedürfen zu ihrer Wirksamkeit der Schriftform.
(2) Es gilt das Recht der Bundesrepublik Deutschland.
(3) Der Gerichtsstand ist Musterstadt.

_____, den _____ _____, den _____
(Ort)   (Datum)   (Ort)   (Datum)

_____   _____
(Unterschrift Sponsor)   (Unterschrift Gesponserter)

5 Steuerliche Aspekte im Sport- und Vereinsrecht

5.1 Steuerliche Sphären

Sportliche Veranstaltung	42.000	Zweckbetrieb
Vereinskantine	27.000	wirtschaftlicher Geschäftsbetrieb
Beiträge	3.240	Ideelle Sphäre
Sponsoring	45.000	wirtschaftlicher Geschäftsbetrieb
Verpachtung	3.500	Vermögensverwaltung

Im Hinblick auf die gestellte Aufgabe und deren Sphären kann zunächst dargestellt werden, dass die Einnahmen aus den Beiträgen zur ideellen Sphäre gehört und demnach steuerbefreit sind. Weiterhin kann die Einnahme aus der Verpachtung zur Vermögensverwaltung gezählt werden und ist demnach ebenfalls von der Steuer befreit.

Die Einnahmen für die sportliche Veranstaltungen belaufen sich auf 42.000€. Somit kann diese Einnahme dem Zweckbetrieb des Vereins zugeordnet werden. Gemäß § 67 AO sind Veranstaltungen, die eine jährliche Einnahme von 45.000€ nicht überschreiten, von der Umsatzsteuer befreit. Dementsprechend ergibt sich daraus die Konsequenz, dass der Verein nur noch 3.000€ Einnahmen aus sportlichen Veranstaltungen im restlichen Jahr tätigen darf, bevor die Umsatzsteuerpflicht greift. Allerdings gibt es in diesem Punkt die Möglichkeit über die 45.000€ hinaus für fünf Jahre umsatzsteuerbefreit zu bleiben, wenn kein Sportler teilnimmt, der für seine sportliche Betätigung eine Aufwendungsentschädigung aus Werbezwecken enthält. Dies regelt § 67 (3) AO.

Für die Vergabe von Werberechten bei der sportlichen Veranstaltung erhält der Verein 45.000 €. Hierbei handelt es sich um ein Sponsoring mit wirtschaftlichem Geschäftsbetrieb. Zu dem wirtschaftlichen Geschäftsbetrieb gehört außerdem noch die Einnahme aus der Vereinskantine mit 27.000. § 64 (3) AO regelt, dass es im wirtschaftlichen Geschäftsbetrieb einen Freigrenze von 35.000€ gibt, bevor Steuern anfallen.

Aus den Einnahmen der Werberechte kann nun die Gewinnpauschale mit 15 % erfolgen. Gemäß § 64 VI AO erfolgt die Besteuerung der Einnahmen mit einem Satz von 15 %. Da auch die Freigrenze von 5.000€ für die Körperschaftssteuer überschritten wird, erfolgt für den Verein eine steuerliche Belastung im Bereich der Gewerbe- und der Körperschaftssteuer. Bei der Gewerbesteuer muss bei dem zu versteuernden Einkommen multipliziert mit 3,5 noch der jeweilige Hebesatz der Gemeinde berücksichtig werden.

5.2 Umsatzsteuer

Ideelle Sphäre:
Ein Mitglied spendet dem Verein 1.000€
Dieser Geschäftsvorfall gehört zu der ideellen Sphäre. Die ideelle Sphäre fokussiert den Hauptbereich der Organisation und soll dafür sorgen den satzungsmäßigen Zweck des Vereins aufrechtzuerhalten. Die Einnahmen in diesem Bereich sind von der steuerbefreit. Somit fällt bei diesem Geschäftsvorfall keine Steuer an.

Vermögensverwaltung:
Aus der Vermietung von einem Teil des Grundstücks konnten 2.500 € erzielt werden.
Dieser Geschäftsvorfall ist von der Steuer befreit.

Zweckbetrieb:
In einem Monat wurden 3.000€ durch Eintrittsgelder eingenommen werden.
Dieser Geschäftsvorfall wird mit dem ermäßigten Steuersatz von 7 % besteuert.

wirtschaftlichen Geschäftsbetrieb:
Der Verein erhält durch den Verkauf von Speisen und Getränke in der Vereinskantine 5.000 €. Hierbei handelt es sich um eine Einnahme, die mit dem satzungsmäßigen Hauptzweck des Vereins nicht in Verbindung steht.
Es besteht im wirtschaftlichen Geschäftsbetrieb eine Freigrenze von 35.000€, sodass auf diesen Geschäftsvorfall keine Steuern anfallen.

6 Literaturverzeichnis

Becker, C. (2015). *Rechtswörterbuch*. Zugriff am 01.03.2015. Verfügbar unter: http://www.rechtswoerterbuch.de/recht/v/verein/

Bundesministerium der Justiz und für Verbraucherschutz. (2014). *Bürgerliches Gesetzbuch (BGB)* in der Fassung 02.01.2002. Zugriff am 01.03.2015. Verfügbar unter: http://www.gesetze-im-internet.de/bgb/BJNR001950896.html

Bundesministerium der Justiz und für Verbraucherschutz. (2015). *Grundgesetz für die Bundesrepublik Deutschland Art. 9*. Zugriff am 06.09.2015. Verfügbar unter: http://www.gesetze-im-internet.de/gg/art_9.html

Deutscher Fußball Bund (2007). *DFB – Spielordnung*. Zugriff am 21.09.2015. Verfügbar unter: http://www.dfb.de/fileadmin/_dfbdam/27993-06_Spielordnung.pdf

Deutscher Fußball Bund. (2013). *Satzung des Deutschen Fußball Bundes*. Zugriff am 01.03.2015. Verfügbar unter: http://www.dfb.de/fileadmin/_dfbdam/2014124_02_Satzung.pdf

Eichler, R. (2009). *Vertragsrecht – Gesetzliche Grundlagen für Verträge*. Zugriff am 20.09.2015. Verfügbar unter: http://www.kleingewerbe.info/vertragsrecht/index.php

Gabler Wirtschaftslexikon. (2015). *Arbeitnehmer*. Zugriff am 20.09.2015. Verfügbar unter: http://wirtschaftslexikon.gabler.de/Definition/arbeitnehmer.html#sachgebiete

Gruber, H. (2009). „Ein Erdbeben für den deutschen Fußball". Zugriff am 21.09.2015. Verfügbar unter: http://www.spox.com/de/sport/fussball/0906/Artikel/tobias-kollmann-red-bull-rasen-ballsport-leipzig-dieter-mateschitz.html

Hamburger Sportverein e.V. (2014). *Satzung des Hamburger Sport-Vereins e.V.*. Zugriff am 15.03.2015. Verfügbar unter: http://www.hsv.de/fileadmin/redaktion/Verein/Satzungsausschuss/Satzung_Hamburger_SV_eV_-_Stand_080714.pdf

Hamburger Sport-Verein e.V.. (2014). *Zusammenfassung der Ausgliederung – Nur der HSV.* Zugriff am 11.03.2015. Verfügbar unter: http://www.hsv.de/fileadmin/redaktion/Verein/Mitgliederversammlung/2014/03_Zusammenfassung_der_Ausgliederung.pdf

Jarchow, C. (2014). *Ausgliederungsbericht.* Zugriff am 13.03.2015. Verfügbar unter: http://www.hsv.de/fileadmin/redaktion/Verein/Mitgliederversammlung/2014/Erlaeuterungen_und_Ergaenzungen.pdf

Pfister, B. *Zur Einführung: Aufbau und Struktur der deutschen Sportverbände und Sportverein.* Zugriff am 06.09.2015. Verfügbar unter: http://sportrecht.org/cms/upload/01grundlagen/02/Pfister-Zur_Einfuehrung-Aufbau_%20und_Struktur_der_deutschen_Sportverbaende_und_Sportvereine.pdf

RasenBallsport Leipzig e.V. Logo. Zugriff am 23.09.2015. Verfügbar unter: http://www.google.de/imgres?imgurl=https%3A%2F%2Fupload.wikimedia.org%2Fwikipedia%2Fde%2Fd%2Fd4%2FRB_Leipzig_2010_logo.svg&imgrefurl=https%3A%2F%2Fde.wikipedia.org%2Fwiki%2FDatei%3ARB_Leipzig_2010_logo.svg&h=561&w=1024&tbnid=0YpoazBsjSMFrM%3A&docid=XhR12306ZA0z-M&ei=T28AVr72OaGUygProYSgBA&tbm=isch&iact=rc&uact=3&dur=462&page=1&start=0&ndsp=10&ved=0CDwQrQMwAmoVChMI_tn2k4KJyAIVIYpyCh3rEAFE

Red Bull Logo. Zugriff am 23.09.2015. Verfügbar unter: http://mbvermeer.com/wp-content/uploads/2014/07/red-bull-logo-87383.jpg

Red Bull Salzburg Logo. Zugriff am 23.09.2015. Verfügbar unter: http://www.salzburg-cityguide.at/website/var/tmp/thumb_56711__fancybox_large.jpeg

Wüterich, C. & Breucker, M. *(2012). Das Arbeitsrecht im Sport.* Stuttgart: Kohlhammer.

7 Abbildungs- und Tabellenverzeichnis

7.1 Abbildungsverzeichnis

Abbildung 1: Logo „RB Leipzig" (l.) und Logo „Red Bull"(r.)
Abbildung 2: Logo „Red Bull Salzburg"
Abbildung 3: neue Vereinsstruktur HSV e.V. & HSV Fußball AG

BEI GRIN MACHT SICH IHR WISSEN BEZAHLT

- Wir veröffentlichen Ihre Hausarbeit, Bachelor- und Masterarbeit

- Ihr eigenes eBook und Buch - weltweit in allen wichtigen Shops

- Verdienen Sie an jedem Verkauf

Jetzt bei www.GRIN.com hochladen und kostenlos publizieren